스승, 길을 말하다

그대는 누구인가?

인류 공영에 이바지하기 위해 이 땅에 태어난 존재

그대는 홍익인간이니라

스승, 길을 말하다

CHEONGONG JUNGBUB

문화앤피플

만물에는 저마다의 소임이 있느니라
지식인은 지혜로 길을 밝히고
수장은 행동으로 책임을 져야 한다

각자가 제자리에서 제 몫을 다할 때
온 세상이 비로소 평안에 이르나니
이것이 흔들리지 않는 하늘의 이치다

내게 와서 물으라
세상의 공부를 다 마치고
'나,'의 것 하나 없이 비워낸 자
인류의 스승이 바로 여기 있노라

길을 묻는 자들에게

나는 이 땅의 마지막 수행자로서
길 잃은 지도자들을 이끌고자 왔노라
"천지 아래 무엇이든 물으라" 하였으니
누구든 내게 와서 물으라

나는 땅 한 뼘도 가지지 않았고
화려한 궁전 또한 없노라
다만 지도자에게는 다스림의 법을
백성에게는 살아갈 지혜를 내어줄 뿐이다

인류의 지도자들이 만인의 존경을 얻도록
나는 가르칠 것이니 내게 와서 물으라

깊은 강이 소리 내어 흐르지 않듯

진정한 경지境地는 말로 증명되지 않나니

그저 그대의 삶이 내는 고요한 빛으로 드러날 뿐이라

1장

내면의 소리

001

들을지어다

진정 누군가를 돕고 싶다면
먼저 그대 안의 소란스러운 거울부터 닦으라.
끊임없이 소리치는 자아의 아우성이 잠잠해지고
티끌조차 사라져 맑고 투명해져야 하리라.

그대를 가두는 가장 높은 성벽은,
그대를 막아서는 가장 굳은 빗장은,
다름 아닌 그대의 '똑똑함'이었으니
그 똑똑함이 되려 길을 막고
그 환한 지식이 되려 문을 닫아 버렸구나.

이제 그대의 모든 것을 내려놓고
그저 텅 빈 계곡이 되어 그의 모든 메아리를 품어주어라.
답을 주려 하지 말고, 길이 되려 하지 말라.
오직 그가 스스로 길을 찾을 때까지
묵묵히 그의 세상이 되어주어라.

세상의 모든 이여, 들어라.
지식인도, 지도자도, 가장 낮은 곳의 그 누구도
성직자도, 정치인도 모두 들어라.
그대들의 명석함을 내려놓고
지금 눈앞에 있는 이의 세상에 귀 기울여라.

스스로를 내세우는 자는 그 빛을 잃어갈 것이요,
기꺼이 자신을 비워 고요히 듣는 자는
온 세상이 와서 그를 가득 채우리라.

002

공부란 삶으로 증명하는 것이니라

특별한 날이든, 평범한 날이든
메마른 대지에 물을 주듯 공부하라.

아무도 주목하지 않지만,
가장 깊은 곳을 적시는 단련은 꾸준함이니라.

조용한 축적의 시간이 켜켜이 쌓이면
네 안의 대지는 마침내 메마르지 않는 땅이 되고,
삶의 현장에서 생명을 피워내는 근원이 되리라.

네가 무심히 건네는 말 한마디,
스쳐 지나가는 몸짓 하나가
네가 걸어온 길의 깊이를 증명하나니.

기억하라.
공부란 '언젠가'가 아니라
바로 '지금 이 자리'에서 하는 것이다.

그렇게 걸어온 '평소'라는 길이야말로
끝내 세상의 그 어떤 것에도 흔들리지 않는
단 하나의 너 자신이 될 것이니라.

003

가장 낮은 곳에서 세상이 열리느니라

물이 스스로 가장 낮은 곳으로 흘러
세상의 모든 강을 품에 안듯,
그대여, 스스로를 낮추어라.
그리하면 세상의 인연이 그대에게로 흐르리라.

자신을 드러내려 높이 솟은 봉우리는 외롭고
잘난 체하는 그 마음의 소리는 사람을 밀어낼 뿐.
겸손히 배우려는 자의 침묵은 울림이 되어
사람의 마음을 끌어당기는 향기가 된다.

'내가 안다'하는 그 순간, 지혜의 문은 닫히나니
사람을 가르치려 들지 말고, 세상을 배우려 하라.
그대의 고집은 굳게 닫힌 문이요,
상대의 말을 듣는 겸손함은 활짝 열린 길이다.

벼는 익을수록 고개를 숙이는 법을 안다 하였거늘,
어찌 설익은 지식으로 고개를 들려 하는가.

그대가 아는 것이 진리의 전부라 여기지 말라.
그것은 단지 거대한 숲속의 나뭇잎 하나일 뿐.

인연이란
'나의 것을 나누고 상대의 것을 배우라'하는
하늘이 내린 선물.
그는 그만의 우주를 가진 박사요,
나는 나만의 뜰을 가꾼 정원사라.
서로의 정원을 거닐며 지혜의 꽃을 교환하라.

그저 오는 인연을 맑게 대하고,
떠나는 인연에 얽매이지 않으며,
오직 그대의 공부에 정진하라.
그것이 사람을 얻고 세상을 얻는 가장 높은 길이니라.

004

시련은 너를 바로 세우려는 하늘의 손길이라

큰 시련을 원망하지 마라.
거꾸로 걸어온 네 삶을
바로잡으라는 하늘의 경고이니라.

모든 고통의 뿌리는 네 안에 있음을 알라.
네 안의 뒤틀린 모순矛盾이
세상을 향해 너를 치는구나.
그 근원을 찾아 바로잡을 때
비로소 운명의 매듭이 풀리리라.

무엇으로 너를 일으켜 세울 것인가.

깨달음의 첫 문은
자기 못남의 벼랑 끝에 서는 것.
자신의 어리석음을 뼈저리게 아는 자만이
비로소 자신을 다스릴 힘을 얻나니

수행 또한 그러하다.
세상과 연을 끊고 홀로 서서
가장 깊은 어둠 속에서
내 안의 '나'와 싸워 이기는 것.

그 싸움이 끝나는 날
비로소 빛의 문이 열리나니
"아, 내 삶은 나만의 것이 아니었구나."
이 몸을 등불 삼아 세상을 널리 비추어야 하는
공인公人의 길이 내 길임을 알리라.

그러므로 헛된 우상에 절하지 마라.
복종을 요구하는 것은 신神이 아니라
길 잃은 영혼의 아우성일 뿐.

네가 따라야 할 유일한 길은
저 하늘의 변치 않는 이치다.
그 길을 따라 바르게 행하라.
그것만이 너를 구원하리라.

005

세상을 탓하기 전에 그대의 그릇을 보라

무엇을 바꾸려 하는가?
누구를 탓하려 하는가?

모든 문제의 뿌리는 밖에 있지 않고
오직 너의 질량質量에 있음을 알라.
세상을 바꾸려 들지 말고 너 자신을 먼저 갖추어라.

너의 환경은 너를 비추는 거울이니
지금 네 그릇의 크기에 딱 맞는
하늘이 내린 공부일 뿐이다.
감당하지 못하겠거든 환경을 원망하지 말고
그 안에 비친 너의 모자람을 먼저 보라.

같은 파도가 계속 너를 치는 것은
네가 아직 파도를 넘는 법을 깨우치지 못했기 때문이다.

깨달은 자에게는
다시는 같은 시험이 오지 않는 법.

교리에 갇혀 무릎 꿇는 것은 배움이 아니다.
자연과 내가 하나임을 아는 것이 진짜 공부이니
세상 만물에서 너의 질량을 키워줄
살아 있는 이치를 찾아내라.

그리하여 네 그릇이 커지고
너의 질량이 세상을 감당할 때
너는 비로소 어떤 환경도 지혜로 다스리게 되리니
그때 너의 삶은 별처럼 빛나리라.

006

억지로 행하지 말라,
아는 만큼 행하게 되리라

억지로 행하지 말라.
그것은 바른 길이 아니니
애써 잘 보이려는 마음 또한 진실의 길이 아니다.

그저, 내가 변하고 자라난 만큼 고요히 행하면 되는 것.
참된 가르침으로 내면의 질량質量이 차오르면
무엇이 바른지 스스로 알게 되고
아는 것은 저절로 행하게 되리라.

모르면서 아는 체, 바른 것을 꾸미려 할 때
그 길엔 어긋남과 상처가 생겨나니
인간은 오직 아는 만큼만 움직일 수 있는 존재임을 알라.

세상의 지식으로 상식을 배우고
진리의 지혜로 세상을 보라.

그때 비로소 길은 환히 열리고
바른 앎은 바른 행동을 낳으리라.

모르면 모르는 대로 머물러라.
어둠을 숨기는 자는 영원히 빛을 보지 못하나니
내 질량이 모자라면 모자란 대로의 걸음이
가장 정직하고 바른 걸음이다.

그릇된 분별로 옳다 주장하면
그때부터 삶은 고달파지기 시작한다.
나의 앎을 고집하지 말라.
나의 답이 그대의 답이 될 수는 없는 까닭이다.

서로에게 귀 기울여 의논하는 것이야말로
상대를 존중하는 가장 깊은 마음이며
그 안에 믿음의 씨앗이 자라난다.

총명함은 점수로 드러나는 지식일 뿐.
진정한 실력은 내면에 쌓인 질량으로 빛나는 것.
흐르는 물처럼, 억지 없이
스스로 그러한 길을 걸어가라.

007

공부란, 껍질을 벗고
온전한 사람이 되는 것이니라

"공부하라, 공부하라"
어릴 적 귀에 박힌 그 소리가
삶의 멍에가 되었는가.

헛되이 외운 지식은 공부가 아니며,
세상과 조화롭게 숨 쉬는 지혜가 공부이니,
진정한 공부의 끝은
인간의 껍질을 벗고
온전한 '사람'으로 피어나는 것이다.

그 외의 모든 배움은
살아가는 날의 조건일 뿐,
우리가 짐승의 길을 걸어서야 되겠는가.

008

온전히 바로 설 때,
삶은 비로소 자유로워지리라

세월은 강물처럼 흐르건만
어찌하여 삶의 배는 더욱 무거워지는가.
기쁨보다 괴로움이 앞서는 까닭은 무엇인가.

몸의 병은 마음의 그림자요.
마음의 병은 닫힌 기운의 울음이라.
좋은 기운이 막히니 사람이 떠나고
삶이 고단해지는 것이다.

온전한 사람으로 바로 설 때
마음도 몸도 비로소 자유로워지리니.
세월이 흐를수록 맑아지고 즐거워지리라.

009

내 앞의 사람이
곧 너의 하늘이니라

공부는 멀리 있지 않다.
내 앞에 온 한 사람을 바르게 대하는 것,
그것이 공부의 시작이요 끝이다.

우리의 원죄란 하늘에 지은 죄 아니요,
대자연에 진 빚도 아니라.
바로 내 앞 인연의 마음을 아프게 한
그 눈물방울에 새겨진 업業이다.

부처도, 신도 다른 곳에 있지 않으니
내 앞의 사람이 곧 나의 하늘이며
내 기운을 맑히는 거울이다.

그가 웃으면 내 세상이 밝아지고
그가 마음을 닫으면 내 우주가 탁해진다.

010

민족의 소명

이 민족은 인류의 뿌리요
세상의 지도자로 태어난 겨레이니
온 인류의 죄와 아픔을 품고 있다.

천하를 다스릴 기운을 가졌으되
'나'와 '내 가족'이라는 울타리에 갇혀
그 힘을 쓰지 못하는구나.

나를 넘어 이웃을 위해
내 나라를 넘어 인류를 위해 뜻을 세울 때
비로소 뿌리의 힘이 움트고 지도자의 길이 열리리라.

어릴 때부터 가르쳐야 했다.
'너는 누구이며, 우리는 왜 사는가'를
지도자 공부란 멀리 있지 않으니
내 앞의 사람에게 덕德을 베푸는 것이다.

011

너를 완성시키는 우주는
바로 네 앞의 사람이니라

어찌하여 먼 곳에서 답을 찾으려 하는가.
네 앞의 사람을 비추는 것이 너의 덕德이요,
그의 기쁨에 함께 웃는 것이 너의 복福이니라.

나만을 위해 켠 등불은 제 그림자에 갇히지만,
그를 향해 건넨 작은 온기는
온 세상을 밝히는 횃불이 됨을 기억하라.

생명生命 또한 하늘이 거저 내리는 은총이 아니라
네 앞 사람과 나누는 따스한 숨결에 있나니,
네가 건넨 맑은 기운이 되돌아와
네 존재를 더욱 환히 밝히느니라.

그러니 잊지 말라.
내 앞의 사람이 나의 길이며, 나의 공부이며,
마침내 너를 완성시키는 단 하나의 우주임을.

012

초년의 빛은
그릇의 깊이를 묻는 하늘의 질문이니라

하늘은 때로 이른 나이에 빛나는 선물을 건네며 묻나니,

- 그대의 그릇은 이 빛을 감당할 만큼 깊은가.

그 빛은 환희의 왕관이 아니라,
더 큰 그릇을 빚으라 밝혀주는 지혜의 등불이요,
그 재물은 네 안의 걸작을 깎아내라 주어진
거대한 원석原石이니라.

허나 어리석은 자는
그 등불 아래 제 그림자를 보고 거인인 줄 착각하며,
원석을 깎아낼 고통이 두려워 얕은 연못에 던져버린 채
춤추고 노래하며 세월을 흘려보내더라.

보라,
그릇을 키우길 멈춘 영혼에게 운명은 얼마나 냉혹한가.
하늘은 빌려주었던 빛과 황금을
이자까지 더하여 남김없이 거두어가나니,
한때 찬란했던 별은 제 빛을 잃고
어둠 속으로 스러지리라.

그러니 기억하라.
그 빛을 감당할 그릇이 준비되지 않았다면,
손안의 보석은 이미 그대의 것이 아니다.

진정한 운이란 황금을 손에 쥐는 것이 아니라,
그 황금을 녹여 무엇을 빚어내느냐에 달려 있음을.

013

운을 구하지 말고 운의 주인이 되라

그대여, 운명은 두 스승을 보내나니,
하나는 시련이요, 다른 하나는 행운이라.

시련은 그대를 가장 낮은 곳으로 이끌어 세상의 아픔을 가
르치고, 행운은 그대를 가장 높은 곳에 세워 그 무게의 책
임감을 가르친다. 이 모든 것은 그대의 영혼을 벼려 강철
로 만들기 위함이니라.

그러므로 기억하라. 실력의 깊이가 얕은 자에게 몰려든 운
명은 그를 짓누르는 바위가 되고, 손에 쥔 재물은 영혼을
갉아먹는 독이 되리라. 허나 운의 주인은 거친 폭풍우 속
에서 오히려 더 큰 힘을 얻는다.

그의 힘은 만물을 끌어당기는 자력磁力이 되고, 그의 지혜
는 흩어진 인연을 엮어 거대한 군대를 이루나니, 사람들은
이를 일컬어 '위대한 삶'이라 부른다.

그것은 스스로 약한 자들의 성채城砦가 되고 길 잃은 자들의 등대가 되는 삶. 그리하여 마침내 세상을 더 나은 곳으로 이끄는 여정이니, 이 길이야말로 운의 주인이 걷는 단 하나의 길이니라.

그러니 운을 구하지 말고, 그 운을 담을 그릇을 빚으라.
어떤 운명 앞에서도 흔들리지 않으며 마침내 세상의 빛이 되는 존재, 그 자체가 되는 것이니라.

014

말의 강을 잠재우고
지혜의 빛으로 행하라

그대여,
대화의 강에 뛰어들어 상대를 이기려 하지 말라.
상대를 꺾고, 가르치고, 설득하려는 그 모든 마음은
'내가 옳다'는 욕심의 소란일 뿐,
그대의 영혼만 메마르게 하리라.

진정한 대화는 깊은 골짜기가 되어
상대의 말을 온전히 받아내는 것.
그대의 말은 천금의 보석처럼 아끼고 아껴,
꼭 필요한 순간에만 한 점 빛으로 내어놓으라.
스스로 이끌 힘이 없거든,
충고라는 칼을 함부로 휘둘러 제 기운마저 베지 말라.

내면의 공부가 깊어질수록 말의 강은 고요해지고,
침묵 속에 지혜가 흐른다.

공부가 얕은 자는
수천 마디 말을 쏟아내도 알맹이가 없으니,
세상이 시끄러운 이유는 바로 '빈 수레'가 많기 때문이라.

진정으로 갖춘 자는
말이 아닌 행동으로 자신을 증명한다.
그의 삶은 소리 없이 빛나고, 그 빛을 좇아 세상이 모여드니,
인연은 저절로 확장되고 삶의 질은 날로 풍요로워진다.

그러니 그대여,
세상의 소음을 잠재우려 애쓰기 전에
먼저 내면의 소리를 줄이라.
지성知性으로 삶을 채워, 얕은 시냇물의 요란함이 아닌
깊은 강물의 고요한 힘으로 살아가라.

그것이 바로 빛나는 인생의 시작이다.

015

그대의 그릇을 채워라

사람이 그대를 떠나는가.
그대 안에 중심의 질량質量이 끌어당기지 못함이라.

재물이 그대를 외면하는가.
그 또한 담을 그릇이 아직 채워지지 않았음이라.

떠나고 흩어지는 것은 모두 같은 이치이니,
내 안의 무게가 가벼워 인연을 능히 소화하지 못함이라.

그대 내면의 깊이가 곧 그대의 힘이요, 그릇이라.
질량이 큰 자는 만유인력처럼 인연을 끌어당겨 품고,
질량이 얕은 자는 제 곁을 맴도는 인연조차 붙잡지 못한다.

둘은 하나보다 강한 법이라.
외로움에 잠긴 자여, 밖에서 원인을 찾지 말고
고요히 그대 안의 우주를 채워라.

스스로 빛을 내는 행성이 되지 않고서는
어떤 행성도 그대의 궤도로 이끌 수 없으리.

진리의 말씀을 새김은 내면의 밀도를 높이는 일이요,
대자연의 섭리를 깨달음은 지혜의 무게를 더하는 길이라.

그대 안의 무게가 깊어질수록
떠나던 바람은 잦아들어 곁에 머물고
어긋나던 눈빛에는 온기의 꽃이 피어나리니

마침내 그대 앞에 선 한 사람의 우주를
나의 우주 안에 온전히 녹여낼 힘을 얻었기 때문이라.

내 담을 넘어온 도둑마저

길을 밝히러 온 선생이니

그릇된 인연이란 없고

오직 나를 위한 가르침만이 있었을 뿐이다

2장

인연과 운명의 법칙

016

모든 인연은 너를 위한 가르침이니라

물 흐르듯, 바람 스치듯
인연은 저마다 다른 얼굴로 찾아오나니
그 어느 하나 그릇된 만남은 없었느니라.

네 안의 잣대로 좋고 나쁨을 가를 뿐.
대자연은 한 번도 메마른 땅을 주지 않았고
그릇된 자리를 내어준 적이 없거늘.

더 좋고 더 나쁜 인연이란 본래 없는 법.
오직 너의 성장에 꼭 필요한 이가
필요한 모습으로 다가왔을 뿐이니라.

편견의 눈을 거두고 모든 만남을 돌아보라.
그 모든 것이 너를 위한 가르침이었으니
어찌 감사하지 않을 수 있으리오.

담을 넘어 들어온 도둑마저 귀한 분이니
그는 너의 가장 어두운 곳을 밝히러 온 손님이라.

작은 것을 잃고도 남 탓만 하며 자신을 살피지 않으면
자연은 더 큰 아픔을 보내 너를 흔들어 깨우리니
하나의 배움이 끝나기 전까지 시련의 문은 거듭 열리리라.

이치를 알고 나면 미움은 눈 녹듯 사라지고
상처 주었던 그 인연이 실은 가장 큰 분이었음을 깨달아
뜨거운 눈물로 감사하게 되리라.

좋고 나쁜 인연이란 없다.
다만, 너에게 꼭 필요한 깨우침이 있을 뿐.
온전히 깨달아 그 강을 건너고 나면
다시는 같은 파도가 너를 찾아오지 않으리라.

017

인연의 법칙,
그 분별의 지혜를 밝혀라

사람의 길에는 세 갈래 인연이 흐르나니
30%는 너를 이끄는 하늘이요.
30%는 너와 함께 걷는 동무이며
40%는 네가 품어야 할 땅이니라.

너보다 앞서 걷는 저 하늘 같은 이들에게는
겸손히 고개 숙여 지혜를 구하라.
네 얕은 잣대로 그 깊이를 재려 하지 말고
맑은 물음으로 가르침의 문을 열라.
그들은 네가 분별할 대상이 아니요 오직 배울 인연이니라.

너와 어깨를 나란히 한 동무와는
마음을 열어 진실을 나누어라
아는 체 뽐내는 순간 나눔의 샘은 마르고
가르치려 드는 순간 우정의 길은 갈라지나니
그들은 너의 거울이니 함께 길을 묻는 도반일 뿐이다.

너의 도움이 필요한 저 땅과 같은 이들에게는
스스로 다가와 손을 내밀고 길을 물을 때
그제야 온기를 담아 바른 법을 일러주어라.
목마르지 않은 이에게 억지로 물을 건네지 말며
인연이 아닌데 섣불리 간섭하여 업을 짓지 말라.

귓가를 스치는 지식은 문밖을 나서면 흩어지지만
뼛속 깊이 새겨진 진리는 영혼을 일으켜 세우나니
굶주린 영혼이 진정으로 갈망하는 것은
질량 높은 진리의 에너지라.

그러므로 사람을 대할 때 이 법칙을 기억하라.
하늘에는 공손히 구하고
동무와는 진실로 나누고
땅에는 자비로이 베풀라.
이것이 어지러운 인연을 바로 세우는 길이니라.

018
너의 질량이 곧 너의 격格이니라

영혼의 무게가 가벼우면
네 속은 맑은 물처럼 훤히 들여다보이느니라.
숨기려 애써도 얕은 그릇은 넘치기 마련이니
네 모자람을 상대가 먼저 꿰뚫어 보느니라.

이 스승 또한 사람의 이면裏面을 보지 못하여
죽음의 문턱에 섰던 뼈아픈 기억으로
수십만 번 부수고 다듬어 오늘날 스승의 길을 열었노라.

상대를 모르는 것도, 상대에게 읽히는 것도
모두 네 안이 비어 있기 때문임을 알라.
나를 채우는 것 외에 다른 길은 없느니라.

지식이 빛처럼 쏟아지고 우주가 팽창하는 이 시대에
스스로 빛나지 못하는 존재는 그림자에 갇히리니
한 땀 한 땀 수를 놓듯 너를 갖추어야만 하리라.

그러니 억지로 채우려 애쓰지 말고
이 스승이 전하는 바른 법을 즐거이 들어라.

열심이 아니라 재미로
욕심이 아니라 기쁨으로
목마른 사슴이 샘물을 마시듯
그저 진리를 들이켜라.

백일을 듣고 또 백일을 듣고 들으면
너도 모르는 사이 너의 깊이가 달라지고
상대를 대하는 운용의 법칙이 새로워져
더는 바람에 흔들리지 않는 바위가 되리라.

질량이 곧 너의 격格이니
묵직한 영혼은 어디서든 대접받을 것이요,
실력 없는 자는 그 어떤 것의 주인도 될 수 없느니라.

019

영혼의 밀도가
그대의 길을 여느니라

배움으로 내면의 그릇을 채우라.
비어 있던 자리에 묵직한 깊이가 생겨날 때
세상은 그대의 향기를 맡고 길을 물어 오리니,
이는 과거의 내가 아닌 새로운 질량으로 다시 태어난
그대에게 목마른 영혼들이 이끌리는 까닭이라.

일반 지식으로 어깨를 나란히 하던 시절은 지나고
스스로를 닦아 빛으로 충만해지니
그대에게서 풍겨 나오는 기운부터 달라졌음을
세상이 먼저 아느니라.
막혔던 것은 스스로 길을 열고
엉켰던 인연은 봄눈 녹듯 풀리리라.

바른 법을 공부해 영혼의 밀도를 높이면
그대의 맑은 기운은
고요한 호수에 던진 조약돌처럼
세상 멀리까지 파장을 일으키고
끊어졌던 인연의 소식이 들려오며
잠들었던 영혼들을 흔들어 깨우리니
이는 그대의 영혼이 맑아져
그 파동이 상대를 움직이고
그의 영혼까지 어루만지기 때문이다.

020

말 한마디가
영혼의 씨앗이 되나니

말 한마디는 영혼의 숨결이요, 영체의 외침이니라.
그대 입을 떠난 말은 듣는 이의 뇌를 거쳐 마음에 닿고
마침내 그의 영혼에 씨앗으로 떨어지나니
그대의 영혼이 맑게 담긴 말을 건네면
상대는 감로수를 마신 듯 평온해지고
그대와 하나의 길을 걷게 되리라.

허나, 그대 안에 독기를 품고 말을 쏟아내면
상대는 독배를 마시는 것과 같으니,
한마디 말로 사람을 살릴 수도, 희망을 줄 수도 있으나
세상을 향한 전쟁을 일으키는 것 또한
그대의 한마디 말이니라.

진실로 소통하고자 한다면
먼저 내면을 닦는 공부를 게을리하지 말라.

그대의 지혜로운 말이 상대를 이롭게 하면
그에게서 피어난 기쁨의 에너지가
그대에게로 되돌아와 영혼을 더욱 충만케 하리니
선한 기운 뒤에 따르는 즐거움이야말로
세상을 움직이는 가장 큰 힘이라.
이 즐거움이 가득한 자는
능히 만인의 지도자, 멘토가 될 수 있으리라.

항상 그대의 영혼에 지식과 지혜를 채워
그 밀도를 높이라.
그리하면 샘물이 솟아나듯
상대의 근기에 맞는 지혜의 말이 절로 흘러나오리라.
그 지혜에 이끌려 더 많은 이들이 그대를 찾을 것이니,
그때 그대는 비로소
어두운 길을 밝히는 하나의 등불이 되리라.

021

정情은 족쇄이니
지혜로 바로 서라

들으라, 내 제자들이여
그대들이 정情의 실체를 묻는가?
정은 모자란 이들이 서로의 허기를 채우는 것이요.
결핍의 그늘 아래서 잠시 몸을 기대는 것과 같으니라.

어릴 적 정은 성장의 양식이 되나
다 자란 뒤의 정은 발목을 잡는 족쇄가 됨을 명심하라.
정에 기대는 자, 스스로 설 힘을 잃게 되고
정에 얽매인 자, 인연의 감옥에 갇히게 되리라.

내가 준 정 때문에 상대의 성장이 멈추고
그 어리석음의 아픔이 결국 나에게 돌아오는 법.
지나친 정은 상대를 나약한 아이로 만들고
그것을 받은 자는 제 욕심만 아는 이기주의자가 될 뿐이다.

그러니, 정으로 상대를 곁에 묶어두려 하지 말라.
그것은 사랑이 아닌 집착이요.
상대를 병들게 하는 독이니라.

냉철한 지혜가 가슴에 차오를 때
비로소 세상을 바르게 분별하고 행동하게 되리니

진실로 위한다면, 정을 끊어내는 용기를 가르치라.
인연은 정으로 시작할지언정
그 끝은 각자 홀로 우뚝 서서
제 길을 걷게 하는 데 있느니라.

스스로 빛나는 별이 되도록 지켜봐 주는 것.
그것이 정을 넘어선 진정한 가르침이요, 자비이니라.

022

운運은 오는 것이요
복福은 짓는 것이라

그대여, 들으라.
운運은 '오는 것'이고 복福은 '짓는 것'이다.
이 둘의 이치를 깨달을 때, 비로소 삶의 주인이 될 수 있다.

운이란 과거로부터 흘러오는 거대한 강물이다.
전생의 내가 닦은 길이 현생의 나에게 펼쳐지는 것이며,
조상이 세상을 위해 흘린 피와 땀이 '성스러운 에너지'가
되어 자손의 길에 흐르는 것, 이 또한 운이다.

그렇기에 그대가 이 땅, 이 시대에 태어난 것과 스승을 만
나는 인연 또한 거저 얻은 행운이 아닌, 그대가 이미 받아
올 자격이 있는 운의 흐름 위에 있는 것이다.

그러나 복이란 현재의 내가 만들어내는 불꽃이다.
이는 나의 노력과 의지로 빚어내는 창조물이다.

세상이 필요로 하는 인물이 되기 위해 스스로를 연마하고, 어둠을 밝히는 등불이 되기를 서원하며 나아갈 때, 그 치열한 과정 속에서 쌓이는 힘이 바로 복이다. 복은 구하는 것이 아니라, 나의 그릇이 준비되었을 때 저절로 와서 채워지는 것이다.

명심하라.
스승이란 그대에게 복을 주는 자가 아니라, 그대 스스로 복을 담을 그릇을 빚게 하는 자다. 이익을 좇아 스승을 찾으면 아무것도 얻지 못할 것이나, 내면의 부족함을 채워 스스로를 갖추고자 한다면, 비로소 내 삶을 운행할 지혜를 얻게 되리라.

오직 지금 이 순간, 그대의 그릇을 키우는 일에 전념하라.
삶의 질은 운과 복의 양이 아니라, 그것을 담아내는 그대 영혼의 크기에 달려 있느니라.

023

운의 밀물과 썰물을 다스리는 법

내 운명의 결이 잦아들거든 애써 역류하려 발버둥치지 말라. 하늘은 그때, 운이 가득한 자를 그대의 강가로 보내리니 그의 배에 겸허히 올라, 그의 노를 함께 젓는 지혜를 배우라.

나를 낮추고 그의 흐름을 따를 때, 나의 힘은 마른 땅이 물을 빨아들이듯 조용히, 그리고 깊이 채워지나니, 스스로 선장이라 외치는 교만은 빈 바다에서 모든 것을 산산이 부서뜨릴 뿐이다. 그러다 마침내 그대의 운이 솟구쳐 만조를 이루면, 뭇사람이 그대의 빛을 따라 돛을 올리리니 그때야말로 그들과 더불어 위대한 항해를 시작하여, 세상에 빛나는 기적의 돛을 펼칠 때이니라.

운명이란 이렇듯 밀물과 썰물이니, 상생相生의 이치를 아는 자는 물러날 때와 나아갈 때를 아는 법.

그대의 기운이 겨울나무처럼 뿌리내리고 있을 때, 새 시대의 봄은 반드시 당도하여 그대를 찬란히 꽃피게 하리라. 운이 잠든다는 것은, 더 큰 도약을 위해 공부하라는 하늘의 뜻이다.

사람들은 삼재三災를 두려워하나, 이는 하늘이 내린 고요한 '내공부內工夫'의 시간임을 깨달으라. 액운을 막아달라 기도하지 말고, 내면의 그릇을 닦을 귀한 시간을 허락하심에 감사하라.

운이 좋을 때는 세상을 향해 펼치느라 정작 나를 채우지 못하고, 운이 고요할 때라야 비로소 텅 빈 영혼의 곳간을 채우는 법. 그 깊은 침잠의 시간을 거친 자만이 새로운 운의 아침을 맞이하여 더욱 찬란히 빛을 발하리라.

024

그대의 의지가
운명의 해류를 가르리라

세상이 그대 앞에 가시 돋친 풍경을 내보일 때,
놀라거나 분노하지 말라.
그것은 그대 안의 미완을 비추는 거울이요,
스스로를 단련하라는 하늘의 전언이니.
눈에 보이는 모든 것은 곧 나를 향한 거룩한 가르침이라.

존재는 서로를 물들이는 장엄한 교향곡과 같아서,
스러져가는 별의 궤도에서는 함께 빛을 잃고,
탄식의 골짜기에서는 영혼 또한 서늘히 젖어드나니,
이것을 두고 보이지 않는 영혼의 공명이라 부른다.

기억하라. 그대는 그저 물결에 휩쓸리는 잎이 아님을.
내면의 빛을 깨운 지혜로운 선장은
의지라는 작은 돛 하나를 올리는 수고만으로도
운명이라 불리는 거친 해류를 가로질러,
마침내 자신만의 고요하고 푸른 바다에 이르리라.

025

모든 것은 에너지이니,
맑은 곳을 향하라

남의 좋은 점을 자주 말하라.
그 말은 햇살이 되어,
그대의 얼굴에 웃음을 피우고
웃음 속에 복이 깃드나니.

흉을 보는 일은 줄일수록 좋다.
찡그린 얼굴에는 탁한 기운이 모여들어
영혼의 샘을 흐리게 하리라.

남의 말을 전하되,
좋은 것은 바람처럼 멀리 퍼뜨리고,
좋지 않은 것은 가만히 바라보라.
그 또한 내 공부하라 주는 거울이니.
세상에 내 눈에 비친 것은
곧 내 영혼의 과제라.

기업이 무너지는 것은
망하게 하는 이들과 어울리기 때문이고,
우울이 번지는 것은
우울한 영혼과 오래 머물기 때문이다.

기억하라,
그대의 작은 노력 하나가
탁한 흐름을 비켜가게 하고,
어둠을 피해 맑은 길로 나아가게 하리라.
그대의 의지가 곧 그대의 빛나는 항로라.

026

인연은,
함께 강을 건너라 주신 기회이니라

인연이란 그저 스치는 바람이 아니어라.
그대와 나, 서로의 디딤돌이 되어
함께 강을 건너라 주신 기회이니.

어찌하여 헤어짐의 강가에서 서성이는가.
나의 옳음만이 길이라 고집하고
그대의 소리를 듣지 않아 쌓인 앙금들이
마침내 운명의 수레바퀴를 삐걱거리게 하였음을.

넘어짐은 끝이 아니라 물음이니
'나는 왜 이 길에서 돌부리에 걸렸는가'
스스로에게 묻지 않으면, 길은 또다시
같은 자리에 돌부리를 놓아두리라.

아픔의 무게에 절을 찾고 교회를 찾아가나
엎드려 비는 것으로 길이 열리더냐.

그대의 물음에 함께 답을 찾으려 하지 않고
그저 믿으라 하는 곳에 어찌 지혜의 샘이 솟으리.

027

삶, 그 거룩한 응답에 대하여

그대에게 주어진 생명의 불꽃은
작은 뜰을 비추라고 준 것이 아니거늘
어찌하여 고단하다 말하며
스스로 약속한 빛의 길을 잊고
안락한 군중 속에 그 모습을 감추는가.
대자연은 한 치의 거짓도 없이
뿌린 대로 거두는 법이니라.

그대의 지식이 백성의 눈물로 쌓은 탑임을 아는가
그대의 안락이 민중의 피와 땀으로 엮은 비단임을 아는가
그 높은 배움으로 무엇을 이루려 하는가
마땅히 그대의 삶은
만인을 근심하고, 만인을 사랑하며
만인을 위해 고요히 흐르는 강물이 되어야 하리라.

내 가족, 내 식구만 외치는 그대의 좁은 울타리가

그대를 황폐하게 만드는 감옥임을 깨달으라.
"그대여, 어떠한 삶을 살고자 하는가"

그대가 누리는 모든 것은
소리 없이 흐느끼는 이들의 눈물이요
그대가 딛고 선 이 땅은
고통받는 이들의 신음 소리 위에 세워졌으니
만인을 아끼고 사랑하지 않는다면
그대의 것은 진실로 그대의 것이 아니다.

길을 걷다 스치는 바람결에도
시대의 아픔과 한숨을 들을 수 있어야 하며
무심코 지나는 풍경 속에서도
슬픔에 잠긴 영혼을 볼 수 있어야 하리니.

그들의 상처를 살피고 눈물을 닦아주는 것이야말로
그대가 받은 생명에 대한 유일하고도 거룩한 응답이니라.

028

삶의 길에서 인연을 묻는 이에게

뭇사람들은 닳아 없어질 육신에만 머무나니, 정작 보듬어야 할 것은 그 안에 잠든 영혼임을 알지 못하는구나.

그대의 몸은 대자연의 숨결을 잠시 빌려 쓰는 흙의 그릇이나 그 안의 영혼은 오롯이 그대의 것이니, 스스로 빛나는 하나의 신神이니라.

그러므로 타인을 만지려는 자여, 먼저 자신의 영혼을 비추어보라. 스스로 맑지 않으면 남을 흐리게 할 뿐이요, 스스로 따뜻하지 않으면 시린 상처를 얼어붙게 할 뿐이다.

진정한 치유는 손끝의 기교가 아닌 영혼의 공명共鳴에서 비롯되나니, 마음을 듣는 대화야말로 가장 거룩한 약손이니라.

그대에게 오는 모든 인연을 배움의 길로 삼으라.

사람을 만나는 깊이가 곧 그대의 깊이니, 그들의 말을 경청함은 흩어진 우주의 지혜를 모으는 일이니라.
수많은 강물을 품어야 비로소 바다가 되듯, 숱한 영혼의 무게를 견뎌야 참된 인연을 맞이할 그릇이 되느니라.

마침내 참된 인연을 만났거든 하늘의 뜻만 구하지 말고 땅의 이치를 받들어야 하리라. 말은 샘물처럼 맑고, 마음은 그늘처럼 넉넉하며, 무엇보다 현실의 땅에 뿌리내린 영혼을 알아보라.

기둥이 무너지면 집이 무너지듯, 경제가 쓰러지면 사랑도 지킬 힘을 잃는 법이니라. 지난 실패는 아픔이 아니라 지혜를 얻는 과정이었으니, 한 번 넘어졌던 그 자리에서 두 번 절망하는 어리석음을 범하지 마라.

이제 몸과 영혼, 하늘과 땅의 이치를 깨쳤으니 지혜로써 그대의 길을 걸어 하나의 우주가 되어라.

029

그릇이 맞는 이를 찾아라

스스로에게 물으라.
우리는 왜 서로를 찾아 헤매이며,
인연이란 무엇을 위해 만나고 흩어지는가.

인간에게 주어진 가장 큰 특권은 '말言'이니,
이는 그저 혀끝의 소리가 아니니라.

그대의 말이란,
그대 영혼이 품은 무게質量와 깊이가
마침내 형상을 얻어 피어나는 한 송이 꽃이니라.

인연이란
이 영혼의 꽃을 서로 주고받는 일이니,
대화가 강물처럼 흐른다면 그는 그대의 사람이요,
그대의 말을 샘물처럼 받아 마신다면
그는 그대의 벗이다.

허나 대화가 돌밭처럼 버겁고
그의 말이 가시가 된다면
그는 그대의 길이 아니니,
뒤돌아볼 이유조차 없는 것이다.

인연은 옷의 첫 단추와 같아
하나가 어긋나면 모든 것이 뒤틀리는 법.
뒤틀린 것을 풀고 다시 시작할 용기가 없다면
남은 생 내내 불편한 옷에 갇혀 살게 되리라.

헤어짐을 두려워 마라. 그것은 끝이 아니라
각자의 자리로 돌아가는 거룩한 과정이니.
내 영혼의 소리에 귀 기울이지 않는 이에게
한 조각의 마음도 더는 내어주지 마라.

스치는 모든 것에 감사로 화답할 때,
마침내 그대 곁에는
그대와 같은 무게의 영혼이 머물게 되리라.

030

지식은 만물을 움직이는 숨결이다.

온 우주를 통틀어 가장 위대한 힘은 무엇인가.

밤하늘을 수놓는 억겁의 별빛도
태초의 생명을 잉태한 태양의 핵융합도
'지식'이라는 영혼의 숨결 앞에서는
찰나에 스러지는 작은 불꽃일 뿐.

형상에 갇힌 물질은 비물질을 다스리지 못하나
형상 없는 영혼은 능히 물질을 빚어내고 운용하나니
지식이야말로 만물을 빚어내는 보이지 않는 손길이요,
깨어난 영혼의 권능이라.

지식으로 깨어난 자,
세상의 파도를 다스리는 주인이 되나 무지 속에 잠든 자,
그 파도에 휩쓸리는 나그네 신세를 면치 못하리라.

그렇다면 그 지혜의 그릇은 어찌 채울 것인가.
사람을 하늘처럼 귀히 여기고 사랑으로 가까이하라.
그대의 입은 닫아 침묵의 무게를 배우고
그대의 귀는 열어 온 세상의 소리를 담으라.

말은 내 안의 샘을 마르게 하는 것이나
들음은 타인의 강물을 끌어와 내 안의 바다를 채움이라.
그리하여 그대 존재의 바다가 깊고 충만해질 때
비로소 그대의 한 마디 말이
어둠 속을 헤매는 이의 등불이 되리라.

지혜를 구하는 자여,
그대 곁 가장 가까운 이와 온화하게 지내라.
한 사람의 마음과 통하는 그 작은 길이
곧 온 우주와 하나 되는 길의 시작이니.

그대의 식탁은 영혼을 비추는 거울이라

음식을 다루는 손길로 내면을 빚고

감사히 비운 그릇으로 내일을 열라

3장

우리 얼과 뿌리

031

그대의 뿌리가 너를 지키는 힘이니라
– 본주본산, 뿌리의 숨결

몸이 병들거든
근원으로 돌아가 그 기운을 다스리라.
고향이 그리운 것은
단지 부모님이 계시기 때문만은 아니다.
살아서는 숨 쉬게 하고
죽어서는 영혼을 품어 안을 자리이기에
마음이 절로 그리 향하는 것이다.

네가 첫 숨을 쉰 그 땅
대자연의 품이 너의 기운을 감싸는 갑옷이니
천 리를 떠나도 그 기운의 끈은 이어져
너를 맴돌며 보살피나니.
그곳이 바로 네 영혼의 고삐를 쥔
너의 본주본산本主本山이다.

스스로 잘났다 오만하지 마라.

네가 세상에 내딛는 걸음마다, 이루는 성취마다
네 뿌리의 대신大神들이 보이지 않게
길을 닦아준 덕분임을 잊지 마라.
그 뿌리가 힘을 거두면
너는 바람 앞의 촛불일 뿐이다.

신토불이身土不二라 하였으니,
어찌 땅의 음식만을 이름이랴.
네가 태어난 땅의 물이 어떤 힘을 가졌는지
그 산천의 기운이 어떤 노래를 부르는지
그 이치를 깨쳐 쓸 줄 아는 것이
참된 신토불이의 지혜이다.

세상에 약초가 좋고 음식이 좋다 한들
그 효험은 결국 사람의 기운을 타고 흐른다.
깊은 원력願力을 품은 자의 믿음 어린 말 한마디는
맹물조차 감로수甘露水로 바꾸는 법.
무엇이 좋다는 것은 실상 그 사람의 기운이요.
유행처럼 잠시 머물다 가는 것들은
그 기운의 깊이가 얕기 때문이다.

그러니 방황하지 마라.
진정한 약은 네 안에 너의 근원에 있음을 알라.

032

산 자의 기쁨이
조상을 위한 진정한 공양이라

그대여, 조상을 기리는 날은 슬픔의 제단이 아닌 기쁨의 잔칫상을 차리라. 가족의 웃음소리가 가장 향기로운 향이 요. 사랑하는 이들의 입맛에 맞는 음식이 비로소 영혼을 위로하는 진정한 공양이니라.

음식은 땅이 피워낸 꽃이니 그대들의 식탁 위에 만발한 꽃밭을 차리라. 산 자의 즐거움이 곧 떠난 자의 기쁨이니 우리가 행복할 때, 조상은 비로소 평안하다.

종이 위에 이름을 새겨 묶어두지 말라. 영혼은 이름에 갇히지 않는 자유로운 바람이니 그리운 마음 하나면 족하다. 외로운 영혼들은 그 마음의 빛을 따라 길 잃지 않고 찾아올 것이니 우리의 뿌리가 어찌 한두 줄기뿐이랴. 수천의 강물이 모여 바다를 이루듯 모든 인연의 신들이 우리와 함께하니 '일체동참'을 외치며 모두를 품으라.

문을 열고 모두를 맞이하라. 영혼은 아이처럼 순수하여 내 것과 네 것을 가르면 다툼이 일어나나니 그대들의 마음이 강처럼 넓어지면 그 안에서 모두가 평화로이 뛰놀리라. 깨어난 후손의 너른 품이 곧 영혼의 안식처다.

조상이 무엇을 먹을까 염려하지 말고 살아있는 우리가 무엇을 먹을지 고민하라. 그대들이 기쁘게 나누는 그 음식이 조상의 굶주린 마음을 채우는 천상의 만찬이니라. 영혼은 음식을 탐하지 않는다. 오직 살아생전의 집착을 놓지 못할 뿐. 자꾸만 욕심의 그릇을 내밀면 아이의 버릇이 그릇되듯 영혼의 길도 어두워지나니 집착을 놓도록 이끌어주는 것이 진정한 효孝이다. 혹여, 낡은 관습의 무게에 짓눌린 이가 있거든 다투지 말고 그저 고요히 따르라. 다만 마음속으로 천지어버이께 기도하라.

"저의 모든 조상님을
가장 바르고 환한 길로 이끌어 주십시오."

진정한 제사는 형식이 아닌 살아있는 자들의 깨어있는 마음과 사랑으로 차린 잔치에 있음을 기억하라. 그 기쁨의 에너지가 세대를 넘어 과거와 현재, 그리고 미래를 축복하리라.

033

그대의 식탁이
곧 그대의 품격이니라

한 민족의 여정은 그들의 밥상 위에 그려지고 한 사람의
깊이는 그가 음식을 대하는 손길에서 드러나니 그대의 식
탁은 곧 그대의 품격을 비추는 거울이라.

혼돈의 영혼은 음식을 흩뜨리고 길 위에서 허기를 채우며
정처 없이 떠도나니 그의 삶 또한 그러하리라. 그러나 깨
어난 영혼의 식탁은 고요한 의식儀式이 거행되는 성소와
같으니 수저는 빛나는 기둥처럼 나란히 서고 밥과 국은 해
와 달처럼 제자리를 지키며 반찬은 뭇별처럼 정갈하게 놓
인다.

그는 소리 없이 먹되, 음식의 참맛을 느끼고 고요히 비우
되, 충만한 감사를 채운다. 진정으로 격이 높은 자의 밥그
릇은 그 자체가 하나의 가르침이니 그가 먹고 난 자리는
더럽혀지지 않아 누구라도 그 뒤를 이어 먹을 수 있을 만큼

깨끗하고 궁극에 이른 자의 그릇은 버릴 것 하나 남지 않아 자연으로 온전히 돌아간다. 적게 먹어도 그의 몸은 반듯하게 성장하니 이는 음식이 아닌, 그 안의 기운과 감사를 취했기 때문이라.

세상의 모든 것을 가리지 않고 취하는 것은 지혜가 아니니, 사람은 마땅히 몸에 들이는 것과 들이지 말아야 할 것을 분별해야 한다. 무엇이든 감사히 받되, 그 기운을 더 높은 차원으로 승화시켜 그대의 삶이 뭇 생명을 위한 거름이 되게 하라. 본래 인간은 음식을 가리지 않았으나 스스로를 닦는 수행자는 그 길 위에서 분별을 배우니 이는 대자연이 그대에게 지혜를 가르치는 방법이라.

수행으로 그대의 영이 맑아지면 보이지 않던 세상의 이치가 보이기 시작한다. 선한 일을 행하면 맑은 인연이 그대에게 찾아오고 사람을 바르게 이끌고자 서원하면 지혜의 샘이 열린다. 결국, 그대가 무엇을 먹고 어떻게 먹느냐는 그대가 어떤 삶을 살고 있느냐와 다르지 않다.

그러니 함부로 먹지 말라. 그대의 식탁은 세상을 향한 가장 정직한 기도이니 음식을 다루는 손길로 그대의 영혼을 빚고 감사히 비워낸 그릇으로 그대의 내일을 열라.

034

음식에 깃든 민족의 지혜를 보라

보라,
대지의 기운과 시간의 숨결로 빚어낸 김치를.
그 작은 항아리 속에 사계절의 순환과 우주의 조화가 담겨 있으니 이는 단순한 음식을 넘어, 생명을 온전히 품는 하나의 세계라. 기다림의 미학으로 발효된 그 맛은 만물의 영양을 길어 올린 지혜의 정수精髓이니라.

보라,
맹렬한 불의 힘으로 정화淨化된 곰탕을.
모든 생명은 스스로를 지키기 위해 날 선 기운을 품는 법.
풀잎이 이슬과 함께 독을 머금고 여문 벼가 스스로를 지키듯 생명의 본질에는 거친 외침이 함께하는 법이다.

우리 민족은 그 생명의 외침을 잠재우고
가장 순수한 정수만을 취하는 지혜를 알았다.

꼬박 하루를 고아낸 뽀얀 국물 속에는
뼛속 깊이 잠든 생명의 저장고가 녹아 흐르고
거친 독기는 시간의 불길 속에서 사그라지며
오직 순수한 힘만이 남는다.
이는 쇠한 기력을 일으키는 생명의 강물이니
연로한 이에게는 더없는 보약이라.

이것이 우리 민족이 지닌 지혜의 한 자락이다.
음식에 그러하듯, 우리는 맑고 화려한 빛깔의 옷을 입어
마음을 밝히고 대자연이 부여한 것들을 억누르지 않고
그 본성을 살려 인류와 조화롭게 하는 길을 찾았다.

그러니 이제 각자의 가슴에 품은 재주와 실력,
그 고귀한 씨앗을 마음껏 틔워 온 세상에 꽃피우라.

대자연이 준 선물을 억누르는 것은
생명을 거스르는 일이니
이것이 바로 이 땅에 뿌리내린 우리의 삶이요,
인류에게 전해야 할 우리의 노래이니라.

035

이 땅의 기운을 쓸 때 천하를 얻으리라

이 땅 팔도의 흙과 물이 빚어낸 음식 그 안에는 민족의 강
인한 숨결이 흐르고 오랜 역사의 맥박이 고동친다.
음식은 단순한 양식이 아닌 몸을 일으켜 세우는 기운이며
얼을 깨우는 지혜이니라.

땅의 여덟 갈래 혈맥마다 서린 기운이 다르니 그 맛과
향 또한 제각각의 빛깔을 띤다. 우리 선조들이 팔각의 정
자를 세운 까닭이 여기에 있으니 이는 흩어진 여덟 기운
을 한데 모아 하늘의 이치를 이루려는 조화의 제단이다.

피라미드가 하늘의 기운을 땅으로 모으듯 팔각은 이 땅의
기운을 모아 하나로 다스리는 지혜의 상징이라.

한 사람의 그릇을 알려거든 그가 입는 옷과 나누는 음식,
즐기는 놀이에 깃든 멋을 보라. 그 안에 그의 성품과 근본
이 담겨 있느니라.

진정한 지도자란, 어느 한쪽의 맛에 취하지 않고 팔도의 향을 아울러 더 큰 맛을 빚어내는 자. 이 땅에 주어진 보배를 귀히 쓸 줄 아는 자이다.

내 발밑의 샘물도 마시지 못하는 자가 어찌 은하수를 논하랴. 먼저 이 땅, 삼천리 금수강산의 선물을 바로 쓸 때 비로소 대자연의 힘을 빌릴 자격이 주어지고 어떤 어려움도 능히 이겨낼 힘을 얻게 되리라.

위에 선 자들이 먼저 깨어나 이 기운의 흐름을 바로 잡으견 아래의 백성은 저절로 풍요롭고 평안하리라.

그러니, 그대여
그대의 뿌리가 내린 고향 산천의 음식을 사랑하라.
그 작은 밥상 위에 민족을 살리고 세상을 이롭게 할 가장 위대한 힘이 있나니.

036

물질을 넘어 정신을 이끄는
지도자의 나라, 대한민국

이 민족의 손에서 태어난 음식은 하늘이 내린 보배요, 땅이 키운 약이다. 가장 맑은 음식은 가장 깨어난 사람이 마땅히 누려야 할 축복이다. 어찌하여 김치의 깊은 맛을 멀리하게 되었는가. 이는 음식을 먹을 자격이 사라짐이 아니요, 그대의 영혼이 흐려져 그 맑은 기운을 감당치 못함이라.

음식이 그러하듯, 옷 또한 정신의 깃발이니 어떤 뜻을 품고 사느냐에 따라 그대의 의복이 결정된다. 그저 살기 위해 편한 옷을 찾는 것은, 정신의 깃발을 내리고 생존의 노예가 된 것과 같다. 머지않아 알게 되리라, 우리 고유의 것이 얼마나 존귀한지를.

과학은 눈부시나 어찌하여 괴질은 그림자처럼 따르는가. 이는 깨우치지 못한 영혼을 향한 하늘의 경고이니 병은 밖에서 오는 손님이 아니라, 내 안의 탁한 기운이 불러낸 주인이다. 내 정신이 흐려지면, 모든 먼지가 모여드는 법.

저 강물이 오염됨을 탓하지 말라. 우리 마음이 먼저 흐려졌기에 강물이 그 얼굴을 비출 뿐이다. 세상을 탓하며 환경을 외치는 것은 공허한 메아리와 같으니 삶의 방향이 바로 서지 않으면, 세상은 결코 맑아지지 않는다.

허나 마음결이 비단 같은 사람이 사는 땅에서 우리 고유의 음식과 문화는 마침내 세상의 빛이 되리라. 서녘의 사람들은 이치를 파헤쳐 기록하고 중화의 사람들은 그 기록으로 만물을 빚어내리라. 그러나 우리 뿌리 민족은 그 모든 것을 지혜롭게 써야 할 소명을 지녔다.

이제 인류의 지혜가 이 해동의 땅으로 모여들 것이니 이곳은 인류의 미래를 시험하는 거대한 무대가 되리라. 새 시대의 씨앗은 여기서 먼저 싹을 틔우고 그 가치가 증명될 때 온 세상으로 퍼져나갈 것이다. 저들이 세상의 거대한 몸을 만들 때 우리는 그 몸을 이끌어갈 위대한 정신을 세워야 한다.

물질을 넘어 사상을 다루는 것. 이것이 이 땅의 지도자들이 품어야 할 가장 높은 이상이며 이 민족에게 주어진 영원한 과업이니라.

037

실력 없는 자,
사람도 세상도 품을 수 없느니라

오천 년, 효孝와 정情으로 엮어온 비단 같던 세월이여
어찌 백 년의 바람 앞에 이리 쉬이 찢어지는가.
집집마다 창문에 등불 대신 한숨이 걸리고
함께 걷던 길 위엔 외로운 발자국만 가득하니

인류의 가장 기름진 땅,
뿌리 내리라 허락받은 이 터전에서
어찌하여 열매는 쓰디쓰고 잎은 시들어가는가.

'민족의 대서사시'에서도 언급해 놓았듯,
오늘의 노래는 어찌 이리 공허한가.

이제 바른 정법正法의 횃불을 드노니
실패의 잿더미 속에서 잘못된 벽돌을 찾아내라.

쓰러진 자리에서 흙을 털고 일어나지 않으면
그대의 역사는 거기서 멈추리라.

실력 없이 어찌 사람을 품으며,
능력 없이 어찌 세상을 이끌겠는가.
성장을 마친 자들이여,
이제 그대 자신의 빛으로 서라.
널리 인간을 이롭게 할 지도자들이여.

038

조상의 묘에 길을 묻지 말라

물려받은 낡은 지도를 펼쳐들고 어찌 새 시대의 길을 찾으려 하는가. 사대부의 법도가 칭송받던 시절은 흘러갔고, 오늘의 그대들은 스스로 법을 세우는 홍익인간 지도자들이니 어제의 장묘 문화로 어찌 오늘의 영혼을 담으려 하는가.

모든 것은 왔던 곳으로 돌아감이 우주의 이치이니, 앞으로의 장묘는 그저 자연에 돌려주는 하나의 과정일지어다.
흙으로 돌아가 나무의 뿌리를 감싸고, 바람에 흩날려 강물에 섞이는 것, 그것이 가장 큰 평안이요, 순리임을 깨달으라.

조상의 묘를 찾아 길을 묻는 자 누구인가. 그것은 진정한 감사의 마음이 아니라, 묘 아래 묻힌 재산을 탐하는 욕심일 뿐. 재산이 마르면 발길이 끊기고, 탐욕이 사라지면 봉분은 허물어지는 것이 인간사의 덧없는 모습 아니던가.

그대의 길은 그대 스스로 찾아야 하거늘,
어찌하여 잠든 조상에게 그 짐을 지우려 하는가.

이제 묘를 옮기려거든 하늘의 뜻이나 땅의 기운을 살피기 전에 먼저 형제와 머리를 맞대고 마음의 소리를 들으라. 한 사람의 지혜가 아닌 모두의 합의 속에 길이 있고, 가족의 화목함 속에 진정한 명당이 있느니라.

이 땅은 그 어떤 가문의 소유도 아닌 대한민국의 땅이다. 쓸데없이 넓은 묘지로 자연의 숨통을 막는 자는 결국 자연의 힘에 의해 그 터전을 잃게 되리라. 명당이라 믿었던 자리가 하루아침에 폐허가 되는 것은 땅의 주인이 누구인지를 가르치는 자연의 준엄한 회초리이니라.

진정으로 어른이 해야 할 역할은 자손의 묏자리를 봐주는 것이 아니라, 자손들이 스스로의 힘으로 일어나 세상의 빛이 되도록 돕는 것이다.

가장 큰 효도는 스스로 빛나는 별이 되어 조상을 밝히는 것이니 더 이상 차가운 비석 앞에서 길을 헤매지 말라.

039

가장 아픈 발자국이
가장 깊은 뿌리를 내리게 하리라

어찌 아이의 투정으로 세상의 이치를 논하려 하는가.
부모가 밥을 많이 주면 웃고,
밥을 주지 않으면 부모가 아니라 등 돌릴 것인가.
넘치는 밥은 몸을 무겁게 하고
만 가지 병의 근원이 됨을 어찌 모르는가.

보아라, 저 푸른 보리밭을.
겨울의 혹독한 발길질 아래
더 깊이 뿌리내리는 보리의 생명을
농부가 지혜로써 저 연한 싹을 밟아주는 것은,
얼어붙은 땅속에서 허투루 녹아내리지 말고
강인하게 뿌리내려 굳건히 서라는 뜻이다.

인류가 이 땅, 대한민국을 때때로 밟고
채찍질하는 까닭이 바로 여기에 있나니,

진정한 지도자는 온실 속에서
겉만 자라 만들어지지 않기 때문이다.

세상에 나아가는 우리의 걸음은
장사치의 걸음이어서는 아니 된다.
한때 값싼 노동력을 탐하여 이리저리 흩어졌던 자들이
결국 모든 것을 잃고 돌아왔음을 기억하라.
이익만을 좇는 길의 끝에는
존경이 아니라 모멸이 있을 뿐이다.

그러므로 세계가 우리를 먼저 단련하는 것은
참으로 잘된 일이다.
잘못이 있다면 매를 맞는 것이 지도자의 숙명이다.

040

몸은 우주가 기록한 경전

그대의 몸이 하나의 소우주임을 먼저 깨달으라.
오대양 육대주가 땅의 기운을 잇듯
그대의 오장육부는 온 우주와 연결되었나니.

고목나무 한 그루도
뿌리와 줄기와 가지의 소명이 다르거늘
하물며 사람이 제 길을 잃고 하늘의 이치를 거스를 때
육신이 병들어 신음하는 것은 당연한 이치라.

생명의 법칙은 본디 70%의 빛과 30%의 그림자의 조화.
그대가 그릇된 생각과 부정한 습관으로 어둠을 키울 때,
조화의 기둥은 무너지고 병은 싹트나니.

약과 의술은 다만 시간을 벌어주는 빌려온 빛일 뿐
근원인 삶을 바로잡지 않는다면
병은 반드시 더 짙은 어둠이 되어 돌아오리라.

041

빚진 자의 길이요,
깨닫는 자의 길이라

한 사람의 의사가 탄생하기까지
얼마나 많은 국민의 희생이 있었는가.
한 사람의 지식인이 바로 서기까지
얼마나 많은 민중의 피와 땀이 주춧돌이 되었는가.

이 땅의 지도자는
만인의 에너지를 양분 삼아 피어나는 꽃.
그 거대한 빚을 갚으려 않고
어찌 하늘의 도움만을 구하는가.
그것이 가장 큰 욕심이요, 하늘이 벌을 내리는 이유라.

그러므로 몸이 아프거든
기분이 상하는 일이 생기거든
두려워 말고 원망치 말라.

그것은 그대의 삶이
잘못되었음을 알리는 하늘의 표적이요
지금 돌이키지 않으면
더 큰 벌이 내릴 것이라는 신의 경고이니.

몸이 아프거든 세 명의 의사를 찾아 지혜를 구하고
집을 옮겨갈 때도 세 곳을 둘러 기운을 살피라.
고요히 성찰하는 자에게
보이지 않던 길이 열리리라.

육신의 표적은 그대의 삶을 비추는 거울이요.
그릇된 길을 바로잡으라 알려주는
자비로운 스승임을 잊지 말라.

042

세상은 뿌리를 연구하러 올 것이니라

한 시대는 깊은 샘물(베이비부머)이요,
한 시대는 그 물을 잇는 강(X세대)이며,
다음 시대는 강물이 이르는 드넓은 바다(디지털세대)라.

샘물이 제 깊이를 강물에게 온전히 내어주지 않으면 강은
마르고, 강이 바다로 가는 길을 열어주지 않으면 모든 것이
멈추어 썩게 되나니, 지금 그대들, 강물의 세대여,
그 사명이 얼마나 막중한지를 깨달으라.

이 땅의 정체성은 하나의 거대한 나무와 같으니,
세상에서 가장 배우기 쉬운 한글은 그 무성한 잎과 가지요,
세상에서 가장 알기 어려운 '정情'의 문화는
그 깊이를 알 수 없는 거대한 뿌리니라.

세상은 머지않아 저 화려한 잎이 아니라,
모든 것을 품고 있는 뿌리를 탐구하러 올 것이다.

그때를 위해 뿌리의 가치를 아는 샘물의 세대는 그 지혜를 잠그지 말고, 강물의 세대는 부지런히 그 뜻을 미래로 흘려 보내야만 한다.

판소리의 울음이 아직 세상에 닿지 않음은 그 소리가 작아 서가 아니라 세상의 귀가 아직 열리지 않았기 때문이라. 아리랑 한 소절에 담긴 민족의 한과 눈물을 설명할 주인이 없으니, 저들은 와서 보고도 그 깊이를 알지 못하는구나.

그대들이 이 위대한 문화의 보석을 갈고 닦아 빛을 낼 때, 서양의 기교와 동양의 혼이 만나 인류의 문화는 비로소 새 로운 꽃을 피우리라.

세상은 기다리고 있다. 그대들이 이 침묵을 깨고 입을 열기를.

043

기둥이 바로 설 때,
세상의 등불이 되리라

어찌할 것인가.
이 위대한 사명을 짊어져야 할
나라의 세 기둥이 썩어가고 있구나.

나랏일(정치)을 맡은 자들은
길을 잃고 서로를 헐뜯으니,
인류를 위한 바른 정치는 보이지 않고,

살림(기업)을 맡은 자들은
이익만을 좇다 사업의 근본을 잊었으며,

영혼(종교)을 맡은 자들은
진리를 가르치지 않고
무릎 꿇고 복만을 구걸하고 있으니,
이는 종교가 아니라 공허한 신앙일 뿐이다.

국민이 온 힘을 다해 키워 세운
이 세 개의 기둥이 제 역할을 망각하니,
가장 질량 높은 재목들이 들어가
스스로 건달이 되어가고 있구나.

연구해야 할 자가 연구하지 않으니
개혁의 문은 열리지 않고,
백성은 길 위에서 헤매며
세계는 답을 구하지 못하고 있다.

이제 깨어나라.
논리로 세상을 이끌려 하니 힘이 드는 것이다.

그대들이 스스로의 빛을 찾을 때,
대한민국이라는 이름은
세상의 어둠을 밝히는 등불이 될 것이요,
바른 답이 나오면
인류를 이끄는 데는 아무런 힘이 들지 않으리라.

044

낡은 이름을 부수고
새 이름을 세우라

이제 낡은 이름의 굴레를 부수어라.
어찌하여 우리의 땅에서 '노동자'라는 말을 쓰는가.
이 땅의 아들딸들은 시키는 일만 하는 노예도,
품을 파는 노동자도 아니다.

해가 가장 먼저 뜨는 땅,
해동海東 대한민국은 본디 그런 존재들이다.

이제 모든 기업은
그 이름을 바꾸어 체제를 새롭게 하라.
'연구원'의 이름으로 국제사회에 나아가라.

외국에 가거든 그들의 값싼 노동력을 사려 하지 말고,
그 땅의 인재들을 연구원으로 맞아
함께 번영할 길을 연구하라.

공장을 세우지 말고, 지혜의 숲을 세우라.
그리하여 세상의 모든 이들이
우리의 걸음을 보고 배우게 하라.
이것이 바로 시련의 발길 속에서
진정한 지도자의 길이 열리는 이치이니라.

한 사람 한 사람이
세상을 탐구하고 길을 여는 '연구원'이다.

기업은 사람을 쓰는 곳이 아니라,
지혜와 지혜가 만나는 자리이다.
사장과 직원이 아니라, 선임 연구원과 후임 연구원이
함께 길을 모색하는 터전이다.

'노동자'라는 이름 속에 서로를 가두지 말라.
그 이름이 사라질 때 비로소 노예의 마음도 사라지고,
서로를 존중하는 지식의 공동체가 우뚝 서리라.

045

한글, 그 잠자는 거인의 노래를 들으라

스스로 제일이라 외치지 말라.
우리만의 찬가는 공허한 메아리일 뿐,
그 빛이 온 누리에 닿아 만인이 우러를 때
비로소 하늘 아래 으뜸이라 하리라.

글이 우수하다 하려거든
그 글을 쓰는 자의 삶이 먼저 우수해야 하거늘,
우리의 옷과 밥과 살아가는 모습이
인류의 등불이 되지 못한다면
어찌 우리의 것이 최고라 말할 수 있으랴.
자랑 이전에 삶을 보이라.
그대의 행동이 곧 글의 격이 되리니.

보라, 한글의 참모습을.
세상의 글자들이 소리의 그림자이거나 뜻의 껍질일 때
오직 한글만이 소리와 혼과 뜻을 하나로 빚어낸 생명의
그릇이니 이는 인류가 마침내 다다를 글의 완성이라.

세종께서 이를 창제했다 여기지 말라.
일만 이천 년 잠들어 있던 민족의 혼을 깨우신 것이니,
'신묘장구대다라니'의 신비로운 가락 속에종교를 넘어
살아남은 태초의 소리가 있음을 그대는 아는가.
그것은 잃어버렸던 우리 글의 화석이요, 뿌리이니라.
그러므로 글을 자랑하기보다 너의 행동을 바로 세우라.

홍익인간의 정신으로 일어나 인류에 필요한 빛이 되라.
우리의 삶이 존경받을 때, 우리가 내미는 손이 따뜻할 때
세상은 우리를 통해 우리 글의 위대함을 보게 되리라.

민족의 울타리에 갇혀있기에
이 위대한 글 또한 묻혀 있는 것을.
행동으로 우리를 증명하고, 삶으로 문을 열어젖힐 때
한글은 비로소 우리 민족의 글이 아닌 인류의 글이 되어
가장 어두운 곳까지 비추는 지혜의 꽃으로 피어나리라.

세상을 탓하는 손가락을 거두어 안을 보라

인성人性이라는 반석 위에 세우지 않은 왕좌는

한 번의 파도에도 허물어지는 모래성일 뿐이다

4장

지도자의 길

046

상대를 모르거든 함부로 논하지 말라

하나를 일러주어도
하나도 깨치지 못하는 자에게는
가르치려 들지 마라.
아직 때가 되지 않았거나
그대의 인연이 아니기 때문이니라.

만물에는 저마다 맞는 짝과 그릇이 있는 법.
맑은 물은 맑은 물과 만나야 하고
지혜로운 자가 어리석은 자의 눈높이를 살피지 않으면
함께 어둠 속을 헤매게 되리라.

상대가 이해하지 못한다고 상대를 탓하지 마라.
말이 막히는 것은 너의 접근이 그릇되었기 때문이니
제 그릇이 아닌 이에게 지혜를 억지로 부으려 한
너의 오만이 문제인 것이다.

말하는 자에게는 말할 자격이 있고
듣는 자에게는 받아들일 자격이 있다.
너는 너의 말을 할 뿐.
그 말을 받아들이는 것은 온전히 상대의 몫이니
그 경계를 넘어 다그치지 마라.

임금은 백성의 마음을 알아야 하고
백성은 임금의 뜻을 알아야 하듯
서로를 알 때 비로소 각자의 역할을 다하게 된다.

그러므로
백성을 모르거든 함부로 백성을 논하지 말고
임금을 모르거든 함부로 임금을 논하지 마라.

047

사람을 얻는 자가 시대를 얻느니라

정치를 논하는 자들이여,
너희는 근본을 알고 말하는가.
정치는 화려한 말이 아니라,
지도자가 걸어가야 할 길이니라.

사람을 품고 조직을 이끄는 수장,
기업을 일구어 거목이 된 자들이
참된 부족장이요, 진정한 정치인이다.

지도자의 무게는 금고에 있지 않고
그가 길러낸 인재의 숲에 있느니라.
재물은 그저 쌓여 있는 돈일 뿐,
창고지기를 만들 뿐이지만
사람을 얻는 자는 곧 시대를 얻는다.

기억하라.
세상에는 두 부류의 공인公人이 있다.

스스로 길을 여는 직접 공인과
그 길을 따르는 간접 공인이다.
작은 가게 주인도 스스로 선 리더이지만,
거대한 조직에 매여 월급만 받는 자는
그림자에 불과하다.

그러니 보아라.
오늘 국회에 앉은 이들 가운데
진정한 지도자의 격格을 지닌 자가 있는가.
이름뿐인 허상들이 지혜도 없이 자리만 차지하고 있으니,
이 땅에 참된 국회의원은 단 하나도 없도다.

남의 것을 모방하기에 급급하고
빌려온 논리로 공허한 소리만 외치며
몸은 자랐으되 정신은 자라지 못하였으니
자주독립의 뿌리를 내리지 못하였다.

근본이 무너지면 모든 것이 흔들리느니라
그러므로 이제는 돌아가야 한다.
자연의 이치를 따르고, 세상을 깊이 연구하여
이 땅을 바르게 이끌 정치인을 길러야 한다.
인류공영에 이바지할 참된 지도자를 세워야 한다.

048

가장 위대한 설계는
인성의 설계이니라

남의 잘못을 탓하는 이는
결코 기쁨 속에 살 수 없다.
먼저 나를 돌아보라.
잘못을 아는 순간,
삶은 새로이 밝아지리라.

높은 자리에 오르고자 하는가.
그러면 인성을 먼저 세워라.
대표가 되고자 함은 허물이 아니나,
인성을 갖추지 못한 대표는
탐욕의 또 다른 이름일 뿐이다.

스스로 묻고 또 물어라.
나는 대표로서 모자람이 없는가.
인연을 대하는 바른 길은 무엇인가.

나를 찾아온 이들에게
덕을 전하는 삶을 나는 살고 있는가.

사업이란 단지 이윤의 설계가 아니다.
사람을 향한 인성의 설계,
그것이 바로 모든 일의 기초다.

인성이 바로 서면
다른 일들은 스스로 이루어진다.
내가 억지로 계산하지 않아도
하늘은 이미 길을 열어 두었다.

049

만남은
그에게 무엇을 해야 할지 아는 것이라

만남에도 설계가 있다.
상대를 향해 어떤 마음을 펼칠 것인가.
덕스럽게 살아간다는 것은 무엇인가.

상대를 만나면서도
그에게 무엇을 해야 할지 모른다면
그 만남은 허망한 실패일 뿐이다.

사람은 왜 공부를 하는가.
그는 어떤 삶을 걸어왔는가.
그가 왜 나를 찾아왔는가.
나는 어떻게 그를 이끌어야 하는가.

이 질문을 품을 때,
비로소 그대는 어른이 된다.

의사가 환자를 만나는 것도 이와 같다.
그의 아픔은 단지 다리가 되어
그를 내 앞에 서게 한다.
병은 곧 깨침의 문이요,
만남은 거울이 되어
나 자신 또한 배우게 되리라.

050

인성人性이 바로 서야
만 가지 일이 이루어지느니라

그대여,
밖으로 향한 손가락을 거두어 안을 보라.
세상을 탓하는 자의 삶에는 기쁨이 깃들지 않나니,
이는 제 그림자를 원망하며 빛이 없다고 한탄하는 어리석음과 같음이라.

높은 자리를 꿈꾸는가? 먼저 깊은 뿌리를 내리라.
인성人性이라는 반석 위에 세우지 않은 모든 왕좌는 욕심이라는 모래성이니, 한 번의 파도에도 허물어질 뿐이다.

스스로에게 물으라,
'나는 이 자리에 넉넉한 그릇인가?'
'내게 오는 인연들에게 나는 어떤 덕德을 베풀고 있는가?'

세상의 가장 위대한 설계도는 '인성의 설계'이니,

이 근본이 바로 서면, 만 가지 다른 일들은 굳이 계산하지
않아도 제자리를 찾아가 저절로 이루어지리라.
상대를 이롭게 하는 나의 길이 무엇인지,
덕이 되는 삶의 길이 어떠한지,
그 내면의 설계도를 먼저 완성하라.

그대는 왜 공부하며 길을 찾는가?
인연을 만났을 때,
내가 그를 위해 무엇을 해야 하는지 알기 위함이라.
상대가 왜 나에게 오는지,
내가 그의 영혼을 어떻게 이끌어주어야 하는지,
그 답을 모르는 만남은 공허한 엇갈림일 뿐이다.

의사에게 오는 환자의 병은,
실은 그 의사를 만나기 위한 하나의 방편方便일지니.
아픔은 만남을 위한 문이요, 그 문을 열고 들어온 영혼을
보살피는 것이 의사의 진정한 소명이다.

그대에게 오는 모든 인연과 사건 또한 그러하니,
그들의 문제를 통해 그대의 인성을 드러내고,
그 만남 자체로 서로에게 덕이 되는 빛나는 삶을 이루라.

051

그대의 말이
복福을 짓는 씨앗이니라

남의 좋은 점을 말하라.

그대의 입술에서 흘러나온 찬미는
웃음꽃을 피우며, 그 웃음 속에 복이 깃든다.

052

남을 향한 험담은
자신을 베는 칼날이니라

남의 허물을 말하지 말라.

얼굴을 찡그리는 순간, 탁한 기운이 몰려와
그대의 영혼을 어둡게 물들이리라.

053

좋은 말은 세상에 꽃피우고,
악한 말은 그대 안에서 잠재우라

좋은 말은 바람 따라 멀리 퍼져나가
수많은 마음에 씨앗이 되지만,
좋지 않은 말은 고요히 바라보되
입술에 올리지 않는 지혜를 가지라.

054

남의 허물은
너를 비추는 거울이니라

남의 허물을 본다면,
그 또한 나를 가르치려는 하늘의 수업.
세상은 늘 나의 공부를 위해
거울을 들이대고 있음을 기억하라.

055

빛은 빛을 부르고,
어둠은 어둠을 부르느니라

기업이 무너지는 까닭은
망해가는 이와 함께한 까닭이며,

우울한 기운이 내게 스미는 것은
우울한 자와 오래 머문 탓이다.

이는 곧
보이지 않는 '에너지 이동 법칙'이니라.

056

그대의 의지가
곧 그대의 빛나는 항로航路니라

그대여,
기억하라.

조금의 노력, 작은 자각만으로도
어둠의 흐름을 피해갈 수 있으니,

그대의 길 위에는 언제나
빛을 따르는 발걸음이 가능하리라.

057

육신을 넘어 영혼을 구하는 자,
그가 의사醫師니라

그대, 의사라 불리는 자여.
손이 돈을 향하는 순간, 그대의 소명은 빛을 잃는다.
육신의 병을 보기 전에, 삶에 갇힌 영혼을 먼저 보라.

세상은 병자病者와 환자患者를 구분하지 못하는구나.
몸이 아파 신음하는 자는 병자요,
삶이 답답하여 길을 잃은 자는 환자이니라.

환자의 신음이 쌓이고 쌓여,
마침내 육신이 무너질 때 병자가 되는 것을.
세상의 의원은 병자를 수리하는 기술자修理工는 넘치되,
환자의 영혼을 구하는 진정한 의사醫師는 드물구나.

의술을 배워 육신은 고치나,
삶의 이치를 배우지 못하니
의사 자신이 길 잃은 환자가 되어버린다.
환자가 어찌 환자를 치유하며,
어둠이 어찌 빛을 밝히겠는가.

진정한 의사는
병든 몸과 갇힌 영혼을 함께 구하는 자,
육신을 고치는 것은 기술이요,
영혼을 일으켜 세우는 것은
거룩한 소명임을 잊지 말라.

058

어려움의 근원을 풀 때
병은 머물 곳을 잃느니라

병病은 뿌리가 아니요,
삶의 어려움이 남긴 마지막 메아리니라.
어려움의 원인을 풀지 않고서
어찌 병의 근원을 다스리겠는가.

육신을 위한 약은 명약名藥이라 부르지만,
영혼을 위한 약은 영약靈藥이라 하니,
그것은 곧 바르게 사는 길을 밝히는 지혜의 양식이니라.

그대가 가진 지혜를 나누고 진리를 탐구할 때,
성품은 너그러워지고,
얽혔던 삶의 매듭은 저절로 풀리리라.
삶의 어려움이 사라질 때,
병은 머물 곳을 잃고 떠나가는 법.

세상의 모든 직위와 명예가
실은 지쳐버린 환자들의 허울 좋은 옷일 때가 많으니,
교수도, 성직자도, 정치인도 그 자리에서 내려온 뒤
갈 길을 모르면 모두가 길 잃은 환자일 뿐이다.

그러니 먼저 그대 자신을 치유하라.
삶의 이치를 깨닫는 바른 법으로 그대의 영혼을 채우라.
스스로 빛나는 자가 될 때,
온 세상이 그 빛을 향해 와서 치유받으리라.

059

지혜와 철학으로 인류를 이끄는 길

이 땅의 지도자가 다루어야 할 가장 높은 경지는 보이지 않는 사상을 빚어 시대의 정신을 바로 세우는 일이다.
칼과 황금이 아닌, 지혜와 철학이야말로 인류를 이끄는 진정한 힘이니라.

수많은 종교와 학파들이 저마다의 좁은 문을 가리키며 그것이 유일한 길이라 외쳤으니 어찌 인류의 큰길이 열릴 수 있었으랴. 종교는 그 안에 갇히는 감옥이 아니라 더 높은 진리를 향한 도약대가 되어야 하며 남을 심판하는 법정이 아닌 나의 삶을 바르게 닦는 배움터가 되어야 한다.

부처와 예수, 노자와 장자는 그대의 삶을 대신 살아주는 주인이 아니다. 그들은 어두운 밤바다를 비추는 등대이니 그 빛을 참고하여 자신의 배를 모는 것은 오롯이 그대의 몫이다. 예수가 병을 고침과 무당이 굿으로 병을 낫게 함을 어찌 달리 보랴. 육신의 아픔을 잠시 멎게 하는 것은 귀한 일이지만 참된 스승은 거기서 멈추지 않는다.

그는 아픔의 상처를 어루만져 줄 뿐만 아니라 그 아픔이
어디서 비롯되었는지 근원의 이치를 깨우쳐 다시는 같은
어둠에 들지 않게 하는 자이다.

그러니 세상에서 가장 좋은 것을 찾아 헤매지 말고 스스로
가 세상의 가장 귀한 보배가 되어라. 맑은 인성을 갖춘 이
는 맑은 환경에 머물러야 그 뜻을 온전히 펼칠 수 있다.
좋은 음식이 몸을 살리고, 좋은 옷이 기품을 더하듯
좋은 환경은 선한 의지를 키우는 기름진 토양이니라.

좋은 수레를 탄다고 비난의 손가락질을 거두라. 그 수레가
얼마나 많은 이들에게 지혜를 실어 나르는지 그 바퀴가 얼
마나 바른길을 향해 구르는지를 보아야 한다.
지적인 삶을 사는 자만이 지적인 일을 이룰 수 있음이라.

결국 모든 것은 하나로 통하나니.
스스로의 기운을 맑히는 것이다.
내 안의 샘이 맑을 때 비로소 세상 가장 좋은 것들을 담아
내고도 넘치지 않으리라.

060

마음을 얻는 자가 천하를 얻느니라

길道을 잃고 덕德을 잊은 겨레여.
그대 가슴속 '국민교육헌장'의 맹세를 기억하는가.
민족중흥의 역사적 사명을 띠고 이 땅에 태어났거늘.

한 영혼을 위한 덕은 강을 내고 인류를 품은 덕행은 바다
가 되어 만물을 적신다. '포부를 크게 가져라' 가르친 까닭
이 여기 있노라. 그대 한 사람은 평범한 존재가 아니요, 본
래 천지를 담은 존재임을 잊지 말라.

지금은 길 잃은 백성을 가르치나, 스승은 본래 왕과 지도
자를 가르치려 이 땅에 왔노라. 지도자 하나가 바로 서면
천만 백성이 춤추나니. 허나 높은 곳의 창고지기들이 황금
만 헤아리니 백성의 허리가 굽는구나.

대통령이여, 민족의 얼굴이여.
어찌 물건을 파는 장사치가 되었는가.
그대의 걸음은 만 백성을 살피는 것이어야 하리라.

그들 땅의 신음과 깊은 아픔을 먼저 듣고 어루만져라.
우리는 눈대중과 손끝만으로도 천지의 조화를 빚거늘,
저들은 정밀한 저울 없이는 제 맛을 내지 못하니 그대의
지혜로 능히 그 뿌리를 찾으라.

진정한 선물은 비단 꾸러미가 아닌 단비 같은 지혜이니,
마음을 얻으면 천하가 저절로 따르는 법. 이것이 장사의
근본이요, 세상을 얻는 이치라. 근본을 잃고 헤매이니 백
성의 삶이 이리도 곤고困苦하구나.

인류의 아픔을 보듬으면 이 민족의 이름은 별처럼 빛나고
천하는 그대를 따라 평화의 춤을 추리니, 칼과 창으로 땅을
빼앗는 것이 지도자가 아님을 온 세상이 알게 되리라.

그대들은 하늘의 자손, 천손天孫임을 잊지 말라.
'천지天地도 모르는 자'란 꾸짖음은, 하늘과 땅의 뜻을 알아
야 할 이 민족에게만 허락된 채찍이라. 천지天地와 인人이
어찌 둘이며, 대자연과 그대가 어찌 나뉘었는가. 이 근본
을 깨달을 때, 그대는 대자연의 나래를 펴고 비상하리라.

하늘의 기운天氣을 쓰는 자,
그 뜻이 곧 현실이 되어 모든 것을 이루리라.

061

지혜와 덕을 갖춘 자,
인류를 품을 것이니라

물결이 바다를 어찌 거역하며, 바람이 하늘의 뜻을 어찌 피하랴. 인류가 한 숨결로 이어졌으니 나라의 문을 열어 땀과 열매를 나누는 것은 시대의 순리라.

물건이 오고 가는 것을 교류라 하나, 실은 마음이 흐르는 강물이다. 내 영혼의 샘이 맑으면 탁한 것을 마시지 않거늘 어찌 푼돈의 이익에 마음을 내주겠는가. 스스로의 가치를 헐값에 넘기는 자만이 싼 것을 찾나니 이는 영혼이 허기진 자의 슬픈 몸짓이다.

탐하는 마음에는 사람이 머물지 않는다. 허나, 온 정성을 다해 빚어낸 것에는 우주의 기운이 서리나니. 값이 문제가 아니라 그 안의 혼을 사는 것이다. 진실한 것은 스스로 빛을 내어 제 주인을 알아본다. 우리는 너무 오래 안일함에 취했구나.

스스로 벼려낸 칼날이 서슬 퍼렇다면, 세상이 어찌 다른 칼을 탐하겠는가. 우리가 옹골찬 생명을 창조한다면, 천하가 우리 것을 찾아와 고개 숙이리라. 게으름의 밭에는 불평의 가시덤불만 자랄 뿐. 이 모든 것은 남 탓이 아닌 우리 안의 그림자라.

지도자들이 지혜와 덕을 갖추고 인류를 품는 가슴을 지녔더라면 밖에서 문을 열라 재촉하기 전에 우리가 먼저 문을 열어 세상을 맞았으리라.

오늘의 현실은 우리가 빚은 그릇과 같으니, 누구를 탓하랴. 공허한 외침은 상처로 돌아올 뿐. 분노의 함성은 이 땅에 비극의 씨앗을 심어왔음을 기억하라. 문 앞에서 소리치기보다 우리 안의 밭을 갈아야 할 때. 파도를 막으려 말고, 파도를 넘을 거대한 배를 만들 힘을 기를 때. 참된 지도자가 서서 지혜로운 타협으로 더 큰 길을 열 때까지 흐르는 물은 막지 않는 법이다.

작은 내 것을 지키려다 더 큰 세상을 잃는 어리석음을 경계하라. 내 뜰의 작은 꽃만 보지 말고, 온 산을 불태우는 거대한 노을을 보라. 우리는 더 크게 살아야 한다. 하늘 아래 모든 것이 우리 것이고, 우리가 세상의 것이니.

062
그대 안의 우주를 깨워
멈춘 시간을 움직이라

그대의 깊은 물음에 우주의 침묵이 답하는 소리를 들어라.

태초의 노래가 멈추고 대우주가 숨을 죽였다.
온전했던 하나는 하늘(70%)과 땅(30%)으로 나뉘어
긴 정적에 잠겼으니, 무엇이 이 운행을 멈추게 하였는가.
스스로의 빛 30%가 흐려졌기 때문이라.

그대들은 대우주의 심장. 그 빛이 탁해지자 온 우주가 멈춘 것이다. 하여 대우주는 '삶'이라는 도가니를 빚었으니, 이 3차원의 세계는 흐려진 빛을 정화하기 위한 거룩한 용광로라. 그대 안엔 태양보다 뜨거운 빛이 잠들었으니, 스스로를 태워 본래의 순수를 되찾으라.

그대의 육신, 영혼이 깃드는 육천하고 여섯 개의 성소聖所여.
수없는 윤회를 건너며 잠시 머무는 연장이라.

몸은 부서지나 그 안의 기운, 그대의 참모습은 파괴할 수 없는 영생의 존재이니라.

'해탈'을 구하는가?
진정한 해탈은 홀로 열반에 드는 것이 아니다. 업의 불을 끈 자는 홀로 떠나지 않고, 강을 건너지 못한 이들의 뱃사공이 되어 4차원 중천中天에서 그들을 위해 일하리라.
깨달음이란 나 홀로 이루는 것이 아닌 까닭이다.
너와 내가, 우리 모두가 함께 깨달아 하나의 빛으로 돌아가는 길. 이것이 '자타일시성불도自他一時成佛道'라네.

모든 영혼이 제 빛을 되찾는 그날.
멈췄던 우주는 다시 노래를 시작하고, 정화의 임무를 다한 3차원의 무대는 꿈처럼 사라지리라. 시작된 그곳으로 돌아가는 위대한 귀향, '원시반본原始返本'이 이루어지리라.

그대, 이 땅에 선 대한의 사람들이여.
그대들은 멈춘 우주의 심장을 뛰게 할 맥박이며, 잊힌 태초의 노래를 부를 첫 목소리라. 우주가 침묵한 책임이 그대들에게 큰 것은, 그것을 일깨울 힘 또한 그대들 안에 가장 크게 잠들었기 때문이라.

부디, 그대 안의 우주를 깨우라.

스승, 길을 말하다

초판인쇄 2025년 10월 30일
초판발행 2025년 10월 30일

지은이 천공
엮은이 이해경
편집 길민정
펴낸곳 (주)문화앤피플뉴스
등록번호 제2024-000036호
주소 서울 중구 충무로2길 16, 4층 403호 (충무로4가, 동영빌딩)
대표전화 02)3295-3335
팩스 02)3295-3336
이메일 cnpnews@naver.com
홈페이지 www.cnpnews.co.kr

정가 17,000원
ISBN 979-11-94950-13-4(03810)